# Tartes et Gourmandises

## Les recettes de Victoire

ELCY EDITIONS

Les recettes de Victoire

# Tartes et Gourmandises

Publié par Elcy Éditions
48, rue Montmartre
75002 Paris

Direction éditoriale : Christophe Lagrange
Assisté de Sophie Rey et de Sabrina Amrouni
Directrice de collection : Monique "Victoire" Lelong
Illustrations : Giulia Pianigiani et Marta Tonin

www.recettes-victoire.com
N'hésitez pas à nous faire part de vos suggestions.


ISBN : 978-27532-0311-2
Imprimé en Italie

# Une tradition de douceurs

Dès que je sens se répandre dans l'air le parfum d'un gâteau sorti du four, je revois ma mère, avec son tablier qui sent le propre, s'activer en cuisine pour préparer un de ses desserts légendaires. Je me souviens de ses astuces et des petits "trucs" qui rendaient ses desserts réellement uniques. Je la revois les chuchoter tout bas comme s'il s'agissait de secrets inestimables.

Pour conserver ce savoir précieux et tous les conseils qu'elle m'a transmis, j'ai noté dans ce cahier les doses et les techniques d'exécution de ses recettes afin de vous faire découvrir toutes ces douceurs traditionnelles, mais aussi pour vous donner envie de tester des variantes gourmandes à base d'ingrédients simples et authentiques, comme un fruit bien frais et de saison.

À la fin de certaines recettes, j'ai ajouté des notes pour partager avec vous mes idées ou vous donner quelques conseils. Ces notes vous aideront à rendre vos assiettes encore plus gourmandes et à réinventer chaque dessert. Je suis certaine que vos hôtes voudront tout savoir de vos secrets dès l'instant où ils auront goûté ces délicieuses recettes. Suivez les

explications simples de ce cahier et vous allez pouvoir servir des gâteaux, des biscuits, des tartes, des petits fours, des mousses et toutes ces douceurs sucrées et gourmandes aux saveurs irrésistibles.
Il ne vous reste plus qu'à enfiler votre tablier et...
Bon appétit !

REMARQUE : sauf indication contraire, les ingrédients sont calculés pour 4 personnes exception faite des recettes de gâteaux et tartes qui sont toujours pour 6 personnes.

# Tarte au chocolat

INGREDIENTS : 150 g de farine • 30 g d'amandes en poudre • 75 g de sucre glace • 100 g de beurre • 1 œuf.
Pour la garniture : 250 g de chocolat noir • 250 g de crème fraîche.

Versez sur le plan de travail la farine, les amandes en poudre et le sucre. Ajoutez le beurre coupé en morceaux et pétrissez rapidement avec les doigts. Ajoutez l'œuf et continuez à pétrir pour bien amalgamer. Formez une boule, que vous enveloppez de film alimentaire et réservez au réfrigérateur une heure. Passé ce délai, abaissez-la avec un rouleau à pâtisserie. Beurrez et farinez un moule à tarte. Etalez la feuille de pâte en la remontant sur les bords. Couvrez d'une feuille de papier sulfurisé, parsemez de haricots secs et faites cuire 15 minutes dans le four préchauffé à 180°C. Retirez le papier et les haricots secs puis poursuivez la cuisson 5 minutes supplémentaires. Sortez du four et laissez refroidir. Pendant ce temps, faites fondre le chocolat au bain-marie. Ajoutez la crème fraîche, fouettez et nappez de cette crème la pâte. Lissez ce miroir, laissez refroidir et servez à température.

# Miroir aux mangues

INGREDIENTS : 4 mangues fraiches épluchées ou 450 g de mangues surgelées • 50 cl de crème fraîche • 4 feuilles de gélatine • 10 cl d'eau • 150 g de sucre.

Faites tremper les feuilles de gélatine dans de l'eau pendant 10 minutes. Mixez les mangues. Faites fondre le sucre dans 10 cl d'eau chaude puis, hors du feu, ajoutez la gélatine bien éssorée. Versez le tout dans les mangues mixées puis ajoutez la crème. Versez dans des verrines ou bien un plat en verre.

* VOUS POUVEZ RÉALISER CE DESSERT LA VEILLE ET DÉCORER D'UNE GRAPPE DE GROSEILLE.

# Rouleau aux fraises et au chocolat blanc

INGREDIENTS : 50 g de beurre • 4 œufs • 100 g de sucre semoule • 80 g de farine • sucre glace.
Garniture : 400 g de fraises • 4 dl de crème fleurette • 300 g de chocolat blanc • 2 c. à soupe de rhum.

Faites fondre le beurre et badigeonnez une feuille de papier sulfurisé à l'aide d'un pinceau. Battez les jaunes avec le sucre pour obtenir un appareil blanc et mousseux. Ajoutez la farine tamisée et le beurre fondu. Mélangez. Incorporez les blancs montés en neige. Versez la pâte sur le papier sulfurisé et faites cuire 15 minutes au four préchauffé à 180°C. Sortez du four et renversez le gâteau sur un torchon saupoudré de sucre glace. Otez le papier sulfurisé et enroulez le gâteau à l'aide du torchon. Lorsqu'il a tiédi, enlevez le torchon et déroulez-le. Faites bouillir la moitié de la crème et ajoutez le chocolat. Lorsqu'il a fondu, retirez la casserole du feu et ajoutez le rhum. Placez 3 heures au frais. Passé ce délai, fouettez la crème restante et incorporez-la à la préparation. Nappez-en le gâteau, recouvrez de papier sulfurisé et laissez-le reposer 2 heures avant de servir. Roulez-le à nouveau. Décorez de fraises fraîches.

# Pain perdu au chocolat

INGREDIENTS : 250 g de chocolat noir • 250 g de beurre • 6 œufs • 125 g de sucre • sel • 2 cuillerées à soupe de chapelure • 2 cuillerées à soupe de cacao • 3 cuillerées à soupe de copeaux de chocolat noir.

Faites fondre au bain-marie le chocolat et le beurre coupés en morceaux. Dans une terrine, battez les œufs avec le sucre pour obtenir un appareil clair et mousseux. Incorporez les blancs préalablement montés en neige très ferme avec une pincée de sel, puis ajoutez le chocolat fondu. Partagez l'appareil en deux et réservez l'une des moitiés au réfrigérateur. Ajoutez la chapelure à l'autre moitié et versez la pâte dans un moule recouvert de papier sulfurisé. Faites cuire 45 minutes dans le four préchauffé à 180°C. Sortez du four, démoulez sur une grille et laissez refroidir. Nappez le gâteau avec la crème réservée au réfrigérateur. Saupoudrez de cacao puis décorez avec des copeaux de chocolat.

# Délice au chocolat de mon enfance

INGREDIENTS : 200 g de chocolat meunier vert (plaque) • 150g de beurre demi-sel • 150 g de sucre en poudre • 30 g de farine • 3 œufs battus en omelette.

Mettez le chocolat coupé en morceaux à fondre au micro-ondes. Ajoutez le beurre fondu, le sucre en poudre et battez le mélange aux fouet. Soupoudrez de farine et continuez à battre énergiquement. Ajoutez les œufs en omelette. Placez le mélange dans un moule à manqué. Faites cuire 20 minutes au four à thermostat 150°C.

* LE GÂTEAU NE DOIT PAS EXCÉDER 2 CM D'ÉPAISSEUR, ET IL SERA ENCORE MEILLEUR SI VOUS LE PRÉPAREZ LA VEILLE ET QUE VOUS LE METTEZ AU FRAIS.

# Tarte aux figues

INGREDIENTS : 400 g de farine • 200 g de sucre • 200 g de beurre • 1 œuf • 1 jaune d'œuf • le zeste râpé d'un citron • extrait de vanille en poudre • sel.
Pour la garniture : 500 g de figues • 100 g de confiture de figues • 80 g de chapelure • sucre glace.

Pour la pâte brisée, versez la farine sur le plan de travail et formez un puits. Versez le sucre et le beurre coupé en morceaux et ramolli, puis ajoutez l'œuf, le jaune, le zeste de citron, une pincée d'extrait de vanille en poudre et une pincée de sel. Pétrissez, formez une boule, farinez-la et réservez au réfrigérateur environ 1 heure. Avec le rouleau à pâtisserie, abaissez la pâte brisée sur un plan de travail fariné pour obtenir un disque d'environ 25 cm de diamètre. Placez-le sur un moule à tarte légèrement beurré en remontant jusqu'aux bords. Nappez le fond de confiture et saupoudrez uniformément de chapelure. Répartissez les figues et faites cuire 30 à 40 minutes dans le four préchauffé à 220°C. Laissez refroidir la tarte avant de la démouler puis saupoudrez-la de sucre glace.

# Tarte aux pommes

INGREDIENTS : 250 g de farine • 50 g d'amandes en poudre • 150 g de beurre • sel • 1 œuf • 100 g de sucre • 1 cuillerée à café de levure • le zeste râpé d'un citron.
Pour la garniture : 3 pommes Golden • 1 cuillerée à soupe d'amandes en poudre • 2 cuillerées à soupe de confiture de coings • le jus d'un demi-citron • sucre.

Pétrissez la farine avec le beurre coupé en morceaux, l'œuf battu, le sucre, la levure, le zeste de citron et une pincée de sel. Formez une boule, enveloppez-la de film alimentaire et réservez 30 minutes au frais. Beurrez et farinez un moule à tarte. Recouvrez-le avec la pâte abaissée au rouleau à pâtisserie. Piquez-la avec une fourchette, badigeonnez-la de confiture diluée avec un peu d'eau et saupoudrez d'amandes en poudre. Épluchez les pommes, coupez-les en tranches fines et arrosez-les de jus de citron. Disposez-les sur la pâte en formant des cercles puis saupoudrez de sucre. Déposez des morceaux de beurre salé en milieu de cuisson et saupoudrez à nouveau de sucre. Faites cuire pendant 45 minutes dans le four préchauffé à 180°C.

# Tarte aux fraises et au basilic

INGREDIENTS : 1 pâte sablée • 250 g de fraises
Pour la crème d'amande : 60 g de beurre ramolli • 60 g de sucre • 1 œuf • 60 g de poudre d'amande • 1 gousse ou quelques gouttes de vanille liquide.
Pour le sirop au basilic : 150 g d'eau • 150 g de sucre • 2 à 3 tiges de basilic.

Préchauffez le four à 180°C. Placez la pâte sablée dans un moule beurré. Ciselez le basilic. Portez l'eau et le sucre à ébulition puis versez le sirop sur le basilic. Laissez masserer. Lavez, équeutez et coupez les fraises en dés. Ajoutez-les au sirop de basilic tiède. Laissez masserer jusqu'à refroidissement.
Dans une terrine, mettez dans l'ordre : le sucre, l'œuf, la poudre d'amandes et vanille. Travaillez et versez ce mélange sur le fond de pâte. Faites cuire 20 à 30 minutes. Laissez tiédir. Prélevez les fraises et déposez-les sur la tarte. Décorez avec des feuilles de basilic.

# Tarte normande aux framboises

INGREDIENTS POUR LA PÂTE : 50 g de sucre • 100 g de beurre • 100 g de farine • 1 œuf.
POUR LA GARNITURE : 500 g de framboises • au choix gelée de framboise ou de groseille • 1 grand pot de crème fraîche très épaisse.

Préparez la pâte la veille avec du beurre tres ramolli, n'ajoutez pas d'eau et pétrissez-la bien. Quand les éléments forment une pâte homogène, mettez au réfrigérateur 30 minutes. Sortez-la, puis étalez-la délicatement sur du papier sufurisé dans un moule à fond amovible bien beurré et fariné. Couvrez-la de haricots secs, pour qu'elle ne gonfle pas, et laissez cuire 15 à 20 minutes à 190°C, la pâte doit être colorée. Un quart d'heure aprés la sortie du four, mettez-la sur un plat et prédécoupez les parts. Garnissez de crème fraîche fermière tres épaisse et déposez les framboises en rosace. Faites chauffer la gelée de fruit, lorsqu'elle a refroidi, nappez au dernier moment pour que les framboises gardent toute leur fraîcheur et pour ne pas ramollir la pâte.

# Tarte renversée façon tatin

INGREDIENTS : 300 g de pâte brisée • 150 g de farine • 100 g de beurre doux • 50 g de sucre glace • 1 pincée de sel • 1,5 kg de pommes boskoop de préférence • 200 g de beurre salé • 200 g de sucre • 1 sachet de sucre vanillé.

Préchauffez le four à 200°C. Malaxez 1 minute les ingédients de la pâte brisée, ajoutez 2 cuillerées à soupe d'eau froide afin d'obtenir une boule homogène. Mettez-la au frais 30 minutes. Pelez et coupez en quatre les pommes. Dans un moule à tarte à bord haut, faites fondre le beurre salé, lorsqu'il mousse, soupoudrez de sucre (100 g) et disposez les pommes. Ajoutez le reste de sucre et le sucre vanillé. Laissez cuire à feu moyen jusqu'a ce que le caramel apparaisse. Etalez la pâte et posez-la sur le moule chaud. Passez le rouleau sur le bord sans la couper. Laissez-la s'affaisser et piquez-la. Rentrez à l'intérieur le bord restant. Enfournez 30 minutes à 180°C et servez tiède. Pour démouler cette tarte, mettez un grand plat rond sur la tarte et retounez-la délicatement.

# Tarte au citron

INGREDIENTS : Pâte sablée (même recette que la tatin) • 4 citrons et le zeste d'un • 4 œufs • 25 cl de crème liquide • 150 g de sucre • beurre pour le moule.

Etalez la pâte dans un moule beurré. Tapissez-la de papier sulfurisé et recouvrez de haricots ou pois secs. Enfournez pendant 15 minutes à 180°C. Faites tiédir la crème. Fouettez les œufs avec le sucre, le zeste et le jus des citrons. Ajoutez la crème chaude sans cesser de fouetter. Versez ce mélange sur le fond de tarte précuit. Enfournez pour 30 minutes. Servez cette tarte très froide.

* VOUS POUVEZ METTRE UNE MERINGUE SUR CETTE TARTE EN BATTANT 2 BLANCS D'ŒUF AVEC 75 G DE SUCRE. BATTEZ JUSQU'À CE QUE LES BLANCS DEVIENNENT FERMES ET NACRÉS. ENFOURNEZ A NOUVEAU 20 MINUTES JUSQU'À CE QUE LA MERINGUE BLONDISSE.

# Gâteau au citron

INGREDIENTS : 4 citrons • 220 g de farine • 200 g de sucre • 1 sachet de levure • 200 g de beurre • chocolat ou fruits secs émincés (facultatifs).

Tamisez la farine avec le sucre et la levure. Ajoutez le zeste de deux citrons et arrosez du jus des quatre citrons filtré (vous pouvez éventuellement utiliser la pulpe des citrons si vous la mixez). Versez ensuite le beurre fondu et remuez vigoureusement la pâte pour bien amalgamer les ingrédients. Versez-la dans un moule beurré et fariné puis faites cuire 50 minutes dans le four préchauffé à 180°C. Vous pouvez décorer le gâteau avec du chocolat fondu ou des fruits secs émincés.

# Gâteau aux griottes

INGREDIENTS : 6 œufs • 180 g de sucre • 1 demi-citron • 75 g de farine • 75 g de fécule de pomme de terre • 1 sachet d'extrait de vanille • sel.
Pour la garniture : 300 g de griottes en sirop • 1 l de crème fleurette • 100 g de sucre glace • 30 g de chocolat noir.

Battez les jaunes avec le sucre pour obtenir un appareil aéré. En remuant de bas en haut, incorporez avec délicatesse les blancs montés en neige ferme avec une pincée de sel et un peu de jus de citron. Ajoutez le zeste d'un demi-citron, puis la farine, la fécule de pomme de terre et l'extrait de vanille, en tamisant le tout pour éviter les grumeaux. Amalgamez et versez dans un moule à tarte rond beurré. Faites cuire 40 minutes dans le four préchauffé à 170°C. Coupez le gâteau à l'horizontale, dressez le premier disque sur un plat et disposez les griottes égouttées. Réservez 12 griottes pour la décoration. Fouettez la crème fleurette avec le sucre et nappez les griottes avec la moitié de la crème fouettée. Recouvrez avec le second disque et garnissez avec la crème fleurette restante. Enfin décorez avec les griottes réservées.

# Gâteau choco-menthe

INGREDIENTS : 200 g de chocolat noir • 100 g de beurre • ½ verre de liqueur d'orange • 4 œufs • 80 g de sucre • 2 cuillerées à soupe de farine.
Pour la sauce : 2 cuillerées à soupe de sirop de menthe • ½ gousse de vanille • 3 jaunes d'œuf • 2 dl de lait • 50 g de sucre.

Faites fondre au bain-marie le chocolat et le beurre coupés en morceaux. Retirez du feu et ajoutez la liqueur. Battez les œufs avec le sucre pour obtenir un appareil aéré, ajoutez-le à la crème au chocolat. Tamisez la farine sur cette préparation et mélangez bien. Versez la pâte dans un moule beurré et fariné. Faites cuire 40 minutes dans le four préchauffé à 180°C Démoulez et laissez refroidir. Préparez la sauce. Portez à ébullition le lait avec la vanille. Retirez-le du feu lorsqu'il commence à bouillir et laissez-le refroidir. Battez les jaunes avec le sucre et, quand ils sont mousseux, diluez-les avec le lait filtré. Faites épaissir la crème à feu doux, puis ajoutez le sirop de menthe. Démoulez le gâteau, nappez-le avec la sauce et servez.

# Gâteau aux carottes

INGREDIENTS : 300 g de carottes • 250 g d'amandes pelées • 100 g de sucre brut de canne • 100 g de sucre semoule • 1 cuillerée à café de miel • 4 œufs • le jus de 4 oranges.

Epluchez les carottes et mixez-les avec les amandes. Versez le tout dans une terrine et ajoutez les deux sucres, le miel, les jaunes d'œuf et le jus d'orange. Remuez vigoureusement. Montez les blancs en neige bien ferme avec une pincée de sel et, délicatement, ajoutez-les à cette préparation. Chemisez de papier sulfurisé un moule à tarte de 24 à 26 cm de diamètre. Versez la pâte et nivelez-la. Faites-la cuire environ 1 h 20 dans le four préchauffé à 160°C. Sortez du four et laissez refroidir.

# Tarte à la confiture d'orange

INGREDIENTS : pâte brisée (voir recette page 14) • le zeste d'une orange non traitée • confiture d'agrumes ou d'oranges • beurre • farine.

Préparez la pâte brisée en remplaçant le zeste de citron par le zeste d'orange. Formez une boule et réservez-la au réfrigérateur une demi-heure environ. Partagez la pâte en deux moitiés inégales. Abaissez la plus grosse à l'aide d'un rouleau à pâtisserie et formez un disque qui servira de base. Réservez l'autre moitié qui servira pour les croisillons au-dessus de la tarte. Beurrez et farinez un moule à tarte puis étalez la première feuille de pâte. Piquez-la à l'aide d'une pique en bois et recouvrez de quelques cuillérées de confiture d'oranges. Abaissez le restant de pâte à une épaisseur de 5 mm et, à l'aide d'une roulette à pâtisserie, découpez des bandes larges de 1 cm et assez longues pour recouvrir le diamètre du moule. Disposez-les sur la confiture pour former des croisillons et faites cuire 30 minutes dans le four préchauffé à 160°C. Sortez le moule du four et servez la tarte froide. Laissez reposer quelques minutes avant de servir.

# Tarte belge aux fraises

INGREDIENTS : 1 paquet de spéculoos • 3 gousses de vanille • 150 g de beurre salé fondu • 300 g de mascarpone • 1 yaourt onctueux • 1 cuillerée à café de miel • le zeste d'un citron vert • 500 g de fraises gariquettes.

Ecrasez à la fourchette les gateaux concassés, le beurre fondu et la vanille grattée. Malaxez bien la préparation et étalez-la à la main au fond d'un moule à tarte. Placez le moule au frais. Pendant ce temps, mélangez le mascarpone, le yaourt, le miel et le zeste du citron vert. Étalez ensuite sur la pâte cette préparation. Déposez en rosace les gariquettes

* POUR TRANSFORMER CETTE TARTE EN GÂTEAU DE FÊTE, DÉCOREZ-LA AVEC DES PÉTALES DE CHOCOLAT NOIR RÂPÉ.

# Gâteau de pommes flambées

INGREDIENTS : 5 pommes reinettes • 250 g de farine • 1 œuf • 150 g de beurre • 100 g de sucre glace • 1 citron • 50 g de cerneaux de noix • 1 cuillerée à café de cannelle • 1 sachet de sucre vanillé • 200 g de confiture d'abricots • ½ cuillerée à soupe de clous de girofle en poudre • 1 verre de calvados.

Versez la farine sur le plan de travail, formez un puits et cassez un œuf. Ajoutez le beurre ramolli puis le sucre. Pétrissez la pâte, façonnez une boule, enveloppez-la dans du film alimentaire et réservez 20 minutes au réfrigérateur. Epluchez les pommes, coupez-les en quartiers et arrosez de jus de citron. Mélangez les cerneaux mixés, la cannelle, l'extrait de vanille, le zeste râpé du citron et les clous de girofle. Etalez la pâte sur un moule à tarte beurré et fariné. Parsemez avec le mélange à base de noix et recouvrez avec les quartiers de pomme, en posant la partie intérieure du fruit contre la pâte. Faites cuire 35 minutes à 180°C. Sortez du four, badigeonnez de confiture d'abricots et laissez refroidir. Faites chauffer le calvados et flambez-le. Arrosez et servez.

# Gâteau à l'orange de Laurence

INGREDIENTS : 2 grosses oranges non traitées • 250 g de sucre • 250 g de poudre d'amandes • 6 oeufs • 1 sachet de levure.

Mettez les deux oranges dans l'eau frémissante pendant 2 heures. Laissez-les refroidir. Mettez-les entieres avec la peau dans le mixeur, puis ajoutez successivement tous les ingrédients. Faites cuire au four à 180°C pendant 1 heure en surveillant la cuisson.

# Gâteau aux amandes et à la vanille

INGREDIENTS : 20 g d'amandes pelées • 7 gouttes d'extrait de vanille • 20 g de raisins secs • 1 verre de thé noir • 150 g de beurre • 100 g de sucre • 200 g de farine • 4 jaunes d'œuf • 1 sachet de levure de boulanger • 2 dl de crème fleurette • sel • le zeste râpé d'un demi-citron.

Faites gonfler les raisins secs dans du thé tiède. Travaillez le beurre en pommade avec une cuillère en bois. Ajoutez le sucre et remuez pour obtenir un appareil aéré, puis ajoutez la farine tamisée, les jaunes légèrement battus, la levure émiettée, l'extrait de vanille, la crème fleurette et une pincée de sel. Laissez reposer 30 minutes puis ajoutez les raisins secs égouttés puis roulés dans un peu de farine et le zeste de citron. Incorporez également les blancs montés en neige. Versez la pâte dans un moule, saupoudrez d'amandes en poudre et laissez reposer environ 1 heure. Faites cuire 45 minutes dans le four préchauffé à 180°C.

# Gâteau moelleux à la vanille

INGREDIENTS : 7 gouttes d'extrait de vanille • 200 g de beurre • 250 g de sucre • 4 cl de lait concentré • 4 œufs • 350 g de farine • 1 sachet de levure • sel • 1 petit verre de Grand Marnier.

Faites ramollir le beurre et travaillez-le en pommade avec le sucre. Ajoutez le lait concentré, puis incorporez progressivement les œufs légèrement battus. Tamisez sur cette base la farine mélangée à la levure. Ajoutez une pincée de sel, l'extrait de vanille et le Grand Marnier, en amalgamant bien tous les ingrédients. Versez la pâte dans un moule beurré et fariné puis faites cuire 45 minutes dans le four préchauffé à 180°C. Démoulez et laissez refroidir avant de servir.

# Gâteau "Paradis"

INGREDIENTS : 200 g de beurre • 160 g de sucre semoule • sel • 7 œufs • ½ cuillerée à soupe d'extrait de vanille • 80 g de farine • 120 g de fécule de pomme de terre • ½ sachet de levure • 30 g de sucre glace.

Coupez le beurre en morceaux et laissez-le ramollir. Travaillez-le en pommade avec le sucre semoule et une pincée de sel. Lorsqu'il est crémeux, ajoutez les jaunes en fouettant vigoureusement. Puis incorporez les blancs montés en neige et l'extrait de vanille. Pour bien mélanger les ingrédients, je vous conseille d'utiliser un fouet électrique, car le gâteau doit être très aéré. Tamisez ensemble la farine et la fécule. Incorporez-les par cuillerées à la pâte. Amalgamez bien. Versez dans un moule beurré et fariné de 24 cm de diamètre et faites cuire 40 minutes dans le four préchauffé à 170°C. Sortez du four et laissez refroidir avant de démouler. Saupoudrez de sucre glace et servez.

# Gâteau au crumble

INGREDIENTS : 200 g de beurre • 250 g d'amandes pelées • 250 g de farine • 200 g de farine de maïs • 1 sachet d'extrait de vanille en poudre • 200 g de sucre semoule • 1 demi-citron • 1 petit verre de liqueur de mandarine • 2 jaunes d'œuf • chapelure • 50 g de sucre glace.

Laissez ramollir le beurre coupé en morceaux et mixez les amandes entières, mais réservez-en quelques-unes. Versez les deux farines et l'extrait de vanille en poudre dans une grande terrine. Ajoutez le zeste de citron râpé, le sucre semoule, les amandes mixées et entières. Versez la liqueur, les jaunes et le beurre. Pétrissez rapidement la pâte avec les mains en laissant des grumeaux. Beurrez un moule à tarte, saupoudrez-le de chapelure (ou chemisez-le de papier sulfurisé) et étalez la pâte en la tassant légèrement pour la niveler. Faites cuire 35 minutes dans le four préchauffé à 170°C. Sortez du four immédiatement et saupoudrez de sucre glace. Laissez refroidir et servez à température.

# Petits gâteaux aux épices

INGREDIENTS : 1 cuillerée à café de cannelle • 1 cuillerée à café de gingembre frais râpé • 600 g de farine • 1 sachet de levure de boulanger • 2 œufs • 2 jaunes d'œuf • 200 g de sucre • 300 g de beurre • ½ verre de marsala ou de porto • sel.

Mélangez ensemble la farine avec la levure dissoute dans un peu d'eau tiède, les quatre jaunes légèrement battus et les deux blancs légèrement montés en neige. Incorporez le sucre, le beurre coupé en morceaux et ramolli, le marsala (ou porto), la cannelle moulue et le gingembre. Ajoutez une pincée de sel, pétrissez pour obtenir une pâte élastique et compacte. Laissez-la lever une heure au chaud et à l'abri des courants d'air. Abaissez la pâte avec un rouleau à pâtisserie, étalez-la sur un moule beurré et fariné. À l'aide d'un emporte-pièce, faites des ronds ou des cœurs. Laissez cuire 30 minutes dans le four préchauffé à 180°C.

# Bûche aux marrons

INGREDIENTS : 750 g de marrons en conserve • 150 g de chocolat noir • 150 g de beurre • 150 g de sucre.

Faites bouillir les marrons 30 minutes environ, égouttez-les puis mixez-les pour obtenir une purée épaisse. Faites fondre le chocolat au bain-marie en l'arrosant d'un peu d'eau. Toujours au bain-marie, faites fondre le beurre. Ajoutez-le à la purée de marrons avec le sucre et le chocolat fondu. Mélangez bien et laissez refroidir la préparation. Façonnez une bûche avec la pâte. Enveloppez-la dans une feuille de papier sulfurisé et placez-la au réfrigérateur une demi-journée. Passé ce délai, retirez le papier, dressez la bûche sur un plat à dessert et décorez-la de pétales de chocolat.

# Amaretti

INGREDIENTS : 100 g d'amandes douces • 100 g d'amandes amères • 1 blanc d'œuf • 200 g de sucre semoule • sucre glace • beurre.

Toastez les amandes dans le four et concassez-les dans un mortier avec le sucre semoule. Passez le tout au tamis et incorporez le blanc d'œuf battu pour obtenir un appareil souple. Versez dans une poche à douille de forme ronde et disposez des boulettes de pâte sur une plaque beurrée. Saupoudrez de sucre glace et faites cuire 15 minutes dans le four préchauffé à 170°C.

# Biscuits au poivre de Sechouan

INGREDIENTS : 1/2 cuillerée à café de poivre de Sechouan • 500 g de miel • 300 g d'amandes pelées • le zeste râpé d'une orange • farine complète • 30 g de beurre • huile végétale.

Mettez le miel dans une casserole. Sans cesser de remuer, ajoutez le poivre, le zeste d'orange et les amandes finement mixées. Tamisez la farine en pluie. Quand la pâte a suffisamment épaissi, retirez-la du feu et versez-la sur un plan de travail huilé. Nivelez, laissez refroidir et découpez en rectangles de 5 cm de large. Disposez les biscuits sur une plaque légèrement beurrée et faites-les cuire dans le four préchauffé à 200°C jusqu'à coloration.

# Panna cotta au café

INGREDIENTS : 500 g de crème fleurette froide • 120 g de sucre • 250 g de lait • 1 gousse de vanille • 20 g de feuille de gélatine • chocolat noir râpè et grains de café en chocolat pour le décor • 2 cuillerées à soupe de café soluble

Faites tremper les feuilles de gélatine dans de l'eau froide pendant 15 minutes. Dans une casserole, mélangez la crème fleurette avec le café et le sucre. Ajoutez la gousse de vanille fendue en deux et portez a ébullition à feu doux. Enlevez du feu et filtrez le tout. Incorporez la gélatine essorée puis laissez refroidir tout en mélangeant. Versez la crème dans un moule ou dans des coupelles individuelles, puis mettez au frais pendant 4 heures au réfrigérateur. Démoulez la panna cotta à l'aide d'une pointe de couteau et décorez-la avec le chocolat noir râpé et les grains de café en chocolat.

# Entremet au café

INGREDIENTS : 30 cl de café fort • 4 œufs • 40 g de sucre • 30 cl de lait.

Fouettez les œufs avec le sucre afin d'obtenir un appareil léger et mousseux. Ajoutez ensuite le lait et le café. Versez le tout dans un moule. Couvrez et faites cuire à bain-marie 30 minutes environ. Laissez refroidir et dressez sur un plat à dessert. Servez glacé.

* POUR UN ENTREMET ENCORE PLUS GOURMAND, DÉCOREZ L'ASSIETTE AVEC DES BONBONS AU CHOCOLAT PARFUMÉS AU CAFÉ.

# Croquants aux amandes

INGREDIENTS : 200 g d'amandes pelées • 150 g de beurre • 500 g de farine • 250 g de sucre • 2 œufs • le zeste râpé d'un citron • 1 sachet de levure • sel • 1 jaune d'œuf.

Versez la farine sur un plan de travail et formez un puits. Versez-y le sucre, les œufs, le zeste de citron, la levure et une pincée de sel. Pétrissez longuement. Ajoutez progressivement le beurre fondu au bain-marie. Quand la pâte est bien amalgamée, ajoutez les amandes concassées et pétrissez encore quelques instants. Formez des bandes larges de 6 à 7 cm, posez-les sur une plaque à pâtisserie chemisée avec du papier sulfurisé et badigeonnez-les de jaune d'œuf. Faites cuire 20 minutes dans le four préchauffé à 180°C . Coupez en bâtonnets de 1,5 cm de large et remettez les biscuits au four encore 5 minutes pour les faire dorer.

# Beignets "tout simples"

INGREDIENTS : 100 g de sucre semoule • 2 œufs • 50 g de beurre • 300 g de farine • 1 sachet de levure • 1 sachet de sucre vanillé • sel • cannelle en poudre • lait • huile pour friture • sucre glace.

Faites fondre le beurre sans qu'il brunisse. Laissez-le tiédir. Battez les œufs avec le sucre semoule pour obtenir un appareil mousseux. Ajoutez le beurre, la farine tamisée avec la levure, l'extrait de vanille en poudre et une pincée de sel. Mélangez bien tous les ingrédients, d'abord vigoureusement avec une cuillère en bois puis avec les mains. Parfumez la pâte avec une pincée de cannelle et diluez-la avec un peu de lait pour la rendre lisse et élastique. Formez des boudins longs d'environ 15 cm. Unissez les extrémités de façon à former un beignet. Faites frire les beignets dans un bain d'huile très chaude au fur et à mesure. Lorsqu'ils seront croquants et dorés, égouttez-les avec une écumoire et posez-les sur du papier absorbant. Servez les beignets chauds saupoudrés de sucre glace.

# Dessert tout rose

INGREDIENTS : 4 biscuits roses de Reims • 50 cl de liqueur de rose • 1 kg de fraises gariguette • 1 citron • 4 œufs • 3 cuillerées à soupe de sucre • 1 paquet de sucre vanillé • 300 g de mascarpone • 150 g de framboises • 1 boîte de 500 ml de litchees en boîte • feuilles de menthe fraîche • 20 Fraises Tagada.

Mettez au fond de chaque verrine les biscuits de Reims cassés en morceaux. Partagez les fraises en deux, mixez une partie en coulis en y ajoutant deux cuillerées à soupe de sucre. Coupez les fraises restantes en très petits morceaux arrosées de quelque gouttes de citron. Egoutez les litchees et coupez-les en petits morceaux. Mélangez le mascarpone aux blancs d'œuf battus en neige fermement. Ajoutez à la préparation le sucre vanillé et une cuillerée à soupe de sucre. Remuez très délicatement. Commencez à superposer les couches dans vos verrines : des buiscuits, des fraises coupées, de la crème au mascarpone, des fraises coupées, des litchees bien égouttés, de la crème au mascarpone, du coulis de fraise, quelques framboises, quelques Fraises Tagada coupées en morceaux, ainsi qu'une feuille de menthe.

# Mont-Blanc

INGREDIENTS : 500 g de châtaignes en conserve • ½ verre de lait • ½ gousse de vanille • 100 g de sucre glace • 1 cuillerée à soupe de cacao sucré • 1 cuillerée à soupe de rhum • 3 dcl de crème fleurette.

Ecrasez les chatâignes à l'aide d'un presse-purée en y ajoutant le lait et la crème fleurette. Versez cette purée dans une terrine et ajoutez le cacao et le rhum. Mélangez longuement pour bien amalgamer. Si cette crème vous semble trop épaisse, n'hésitez pas à ajouter de la crème. Repassez la purée dans le presse-purée et dressez-la dans un grand plat à dessert en formant un monticule. Décorez avec de la crème fouettée.

# Couronne à l'orange

INGREDIENTS : 1 orange • 160 g de beurre • 150 g de sucre • 2 jaunes d'œuf • 170 g de farine • 1 sachet de levure • 1 sachet de sucre vanillé.

Travaillez le beurre avec le sucre afin d'obtenir une pommade onctueuse puis ajoutez les jaunes d'œuf, un à la fois. Pelez délicatement l'orange à vif en réservant les zestes puis coupez-la en tranches que vous mettez aussi de côté. Ajoutez les zestes d'orange râpés à la farine tamisée avec la levure et l'extrait de vanille en poudre. Versez la pâte dans un moule beurré et fariné. Disposez les tranches d'orange puis faites cuire 45 minutes dans le four préchauffé à 180 °C. Sortez du four et laissez refroidir avant de démouler.

# Fondant à l'orange

INGREDIENTS : 115 g de beurre • 115 g de sucre • 2 œufs • 115 g de farine • 1 grosse orange • 1 cuillerée à café de levure chimique.
Pour le glaçage : 1 grosse orange juteuse • 75 g de sucre glace.

Travaillez le beurre à la cuillère en bois dans une terrine chauffée pour le rendre crèmeux. Incorporez le sucre petit à petit. Mettez ensuite les œufs entiers, l'un après l'autre, en continuant de bien travailler la pâte. Ajoutez la farine, le jus d'orange et le zeste finement râpé, terminez par la levure. Versez dans un moule à manqué beurré de 24 cm, carré de préférence, et mettez à cuire à four moyen. Pendant ce temps, faites dissoudre le sucre glace avec le jus de l'autre orange pour obtenir une créme coulante et épaisse.
Il n'est pas necessaire de mettre tout le jus. Aussitôt cuit, démoulez le gâteau sur un plat et arrosez-le chaud avec la moitiè du glaçage. Le gâteau doit devenir moelleux. Quand le gâteau a refroidi, finissez de mettre le glacage.

# Mousse aux fraises et au mascarpone

INGREDIENTS : 200 g de fraises • 500 g de mascarpone • 2 œufs • 20 g de sucre.

Lavez puis essuyez les fraises en retirant le vert. Réduisez-les en purée au mixeur. Battez les jaunes avec le sucre afin d'obtenir un appareil clair et aéré. Travaillez le mascarpone avec une spatule pour le ramollir, versez dessus la crème aux œufs et incorporez les blancs montés en neige très ferme en mélangeant délicatement avec une cuillère. Ajoutez la purée de fraises puis amalgamez doucement tous les ingrédients en veillant à ne pas défaire l'appareil. Versez le tout dans un plat en pyrex et placez 4 à 6 heures au réfrigérateur dans le compartiment le plus froid (en bas) avant de servir.

# Panna cotta vanillée

INGREDIENTS : 900 g de crème fleurette • 15 g de feuilles de gélatine • 1,5 dl de lait • 50 g de sucre • 3 gouttes d'extrait de vanille • le zeste d'un citron.
Pour le caramel : 100 g de sucre • le jus d'un citron.

Faites tremper 5 minutes les feuilles de gélatine dans de l'eau froide. Portez à ébullition la crème fleurette, le lait, le sucre, l'extrait de vanille en poudre et le zeste de citron. Hors du feu, ajoutez les feuilles de gélatine essorées, mélangez puis laissez refroidir.
Préparation du caramel : humidifiez une casserole d'eau froide. Vversez le sucre, une demi-tasse d'eau chaude et quelques gouttes de jus de citron. Faites cuire à feu très doux jusqu'à ce que le sucre soit dissout et qu'il file. Comptez au moins 30 minutes.
Versez le caramel dans des moules individuels ou dans un moule à entremet long. Nappez bien toutes les parois, puis versez la crème et placez le moule au réfrigérateur 4 heures au moins. Servez la panna cotta froide en décorant l'assiette de fruits frais coupés.

# Tiramisu

INGREDIENTS : 500 g de mascarpone • 200 g de sucre • 5 œufs • 24 biscuits à la cuiller (voir page 44) • 4 dl de café serré • 2 cuillerées à soupe de cacao • 3 dl de liqueur d'amandes ou d'amaretto.

Dans une terrine, travaillez le mascarpone avec le sucre pour obtenir une pommade. Mettez les jaunes et continuez à mélanger quelques minutes puis ajoutez la liqueur d'amandes. Dans une seconde terrine, montez les blancs en neige bien ferme puis incorporez-les à la crème au mascarpone. Trempez les biscuits à la cuiller dans le café. Disposez-les sur un plat à dessert pour former une première couche et nappez-les de crème au mascarpone en les recouvrant entièrement. Poursuivez en alternant une couche de biscuits et une couche de crème au mascarpone. Terminez par une couche de crème et saupoudrez de cacao tamisé à l'aide d'une passoire à thé. Placez au réfrigérateur 1 heure avant de servir.

# Beignets aux pommes

INGREDIENTS : 1 kg de pommes reinettes • 2 œufs • 1 jaune d'œuf • 100 g de sucre semoule • 50 g de beurre • 1 verre de vin blanc • le zeste râpé d'un citron • sel • 1 sachet d'extrait de vanille en poudre • 200 g de farine • 50 g de fécule de pomme de terre • 1 sachet de levure • 1 litre d'huile d'arachide pour friture • sucre glace.

Dans une terrine, battez les œufs, le jaune, le sucre semoule et le beurre. Ajoutez le vin, le zeste de citron, une pincée de sel et l'extrait de vanille en poudre. Incorporez la farine, la fécule de pomme de terre, la levure tamisées et mélangez bien. Lavez et coupez les pommes en tranches fines, plongez-les dans la pâte et faites cuire les beignets par cuillérées dans un bain d'huile bien chaude. Egouttez-les et posez-les sur du papier absorbant. Saupoudrez abondamment de sucre glace et servez.

# Biscuits à la cuiller

INGREDIENTS : 7 œufs • 250 g de sucre semoule • 25 g de sucre vanillé • 150 g de farine • 100 g de fécule de pomme de terre • 1 cuillerée à café de levure.

Dans une terrine, battez les jaunes avec le sucre semoule pour les faire mousser. Ajoutez la farine, le sucre vanillé, la fécule de pomme de terre et mélangez bien. Montez les blancs en neige très ferme et ajoutez-les progressivement à la préparation avec la levure. Versez dans une poche à douille lisse et formez des bandes longues de 10 cm environ sur une plaque à pâtisserie beurrée et farinée. Faites cuire 10 minutes dans le four préchauffé à 200°C. Vous pouvez remplacer le sucre vanillé par du sucre glace.

* CETTE RECETTE EST ÉGALEMENT DÉLICIEUSE SI L'ON AROMATISE LES BISCUITS À LA VANILLE.

# Beignets à la confiture de framboises

INGREDIENTS : 100 g de confiture de framboises • 500 g de farine • 2 œufs • sel • ½ verre d'eau de vie (ou de rhum) • 1 verre de lait • huile pour friture • sucre glace.

Tamisez la farine sur le plan de travail et formez un puits. Battez légèrement les œufs, ajoutez une pincée de sel et l'eau de vie, ou le rhum, puis versez le tout sur la farine. Pétrissez en diluant avec du lait pour obtenir une pâte élastique. Couvrez avec un torchon de cuisine et laissez reposer au chaud 1 heure environ. Passé ce délai, abaissez la pâte à 1 cm d'épaisseur. Badigeonnez la moitié d'une couche de confiture de 1 cm, puis repliez l'autre moitié en tassant. Coupez des disques de 10 cm de diamètre avec une roulette à pâtisserie dentée. Faites frire dans un bain d'huile puis égouttez-les sur du papier absorbant. Servez les beignets chauds et saupoudrés de sucre glace.

# Beignet à la crème

INGREDIENTS : 30 g de levure fraîche • 30 cl de lait • 450 g de farine • 70 g de sucre • 1 sachet de sucre vanillé • le zeste râpé d'un citron • 6 jaunes d'œuf • 80 g de beurre • sel • huile pour friture.
Pour la crème pâtissière : 4 jaunes d'œuf • 100 g de sucre • 50 g de farine • 50 cl de lait • 1 sachet de sucre vanillé • le zeste d'un demi-citron.

Pour la crème, mélangez les ingrédients dans une casserole et laissez épaissir sans cesser de remuer. Otez le zeste de citron et laissez refroidir. Tamisez la farine, ajoutez le sucre, le sucre vanillé, le zeste de citron, une pincée de sel, les jaunes d'œuf, la levure dissoute et le beurre coupé en morceaux. Pétrissez jusqu'à ce que la pâte soit élastique puis laissez reposer 1 heure au frais. Partagez la pâte en deux et abaissez-en une moitié. Disposez sur la pâte des tas de crème en les espaçant de 6 cm, puis couvrez avec la pâte restante et faites adhérer les deux feuilles de pâte autour de la crème. Découpez des disques à l'emporte-pièce et laissez-les lever 1 heure. Faites frire les beignets dans l'huile. Posez-les sur du papier absorbant et saupoudrez-les de sucre.

# Fraises et framboises meringuées

INGREDIENTS : 400 g de fraises • 400 g de framboises • 2 sachets de coulis de framboise surgelés • ½ l de crème fleurette • 5 blancs d'oeuf • 250 g de sucre glace • 1 sachet de Chantifix • 2 sachets de sucre vanillé.

Mettez les fraises découpées et les framboises dans un saladier (allant au four). Versez le coulis de framboises dessus. Battez la crème fleurette avec le sucre vanillé et le Chantifix. Etendre la préparation sur les fruits. Battez les blancs avec une pincée de sel puis ajoutez le sucre glace et battez encore. Etendez la meringue sur les deux couches précédentes. Passez 1 à 2 minutes sur le gril très chaud. Enfin, placez au frais pendant 5 heures au minimum.

# Fondue de glace au café

INGREDIENTS : 1 litre de très bonne glace au café • 60 g de noix de pecan caramélisés • 100 g de chocolat noir • 10 cl de whisky.

Sortez la glace du congélateur et laissez-la ramollir. Pendant ce temps, rapez le chocolat en grosses lamelles au couteau. Concassez grossièrement les noix de pécan. Versez le whisky dans la glace crémeuse, ajoutez la moitié du chocolat et des noix de pécan à la glace. Mettez dans des verrines. Parsemez avec le reste de chocolat et quelques noix entières. Servez aussitot.

# "Mars" glacé

INGREDIENTS : 100 g de chocolat au lait • 100 g de chocolat au lait aux noisettes • 100 g de beurre • 100 g de sucre • 6 oeufs • 1 cuillerée à soupe de lait • 1 pincée de sel • Smarties pour le décor.

Faites fondre le chocolat avec le beurre et le lait. Mélangez les jaunes d'œufs et le sucre jusqu'à ce que le mélange blanchisse et double de volume. Ajoutez délicatement le chocolat fondu. Faites mousser les blancs en neige et incorporez-les à la préparation. Mettez dans un moule et placez au congélateur au minimum 12 heures. Démoulez sur un plat. Décorez avec des Smarties.

# Pralines à la crème de marrons

INGREDIENTS : 400 g de crème de marrons • 500 g de chocolat noir • 120 g de beurre • 60 g de crème fleurette • 250 g de sucre glace.
Pour la décoration : 320 g de chocolat noir pour la couverture • 40 amandes pelées.

Coupez le chocolat en morceaux et faites-le fondre au bain-marie. Ajoutez d'abord le beurre coupé en morceaux et ramolli, puis la crème fleurette, la crème de marrons et le sucre, sans cesser de remuer pour éviter les grumeaux. Versez la préparation sur un plan de travail saupoudré de sucre glace. Formez des boudins et découpez-les afin d'obtenir des boulettes. Roulez les boulettes dans le creux de votre main. Piquez-les avec une petite fourchette et plongez-les dans le chocolat fondu. Disposez les pralines sur une grille et décorez-les avec une amande pelée pendant qu'elles sont encore chaudes. Laissez refroidir avant de servir.

# Gâteau de panettone

INGREDIENTS : ½ panettone • 75 g de sucre • 1 œuf • 1 jaune d'œuf • 2 dl de lait • 30 g de farine • 1 sachet d'extrait de vanille en poudre • 1 orange • 7 g de feuilles de gélatine • 1 verre de liqueur d'amaretto.

Dans une casserole, à feu très doux, mélangez le sucre avec l'œuf et le jaune. Ajoutez le lait et la farine tamisée avec l'extrait de vanille en poudre. Incorporez le jus filtré de l'orange et son zeste râpé. Faites épaissir la crème, puis ajoutez la gélatine trempée et bien essorée. Mélangez pour la dissoudre complètement. Tranchez le panettone et arrosez les tranches de liqueur. Disposez-en une partie sur un plat à dessert creux, nappez de crème et recouvrez avec les autres tranches.

* POUR LES OCCASIONS SPÉCIALES, VOUS POUVEZ DÉCORER CE DESSERT AVEC DU CHOCOLAT FONDU AU BAIN-MARIE ET DES NUAGES DE CRÈME FOUETTÉE.

# Confiture de gariquettes

INGREDIENTS : 1 kg de fraises gariquettes • 600 g de sucre en poudre • 1 jus de citron.

Equeutez les gariquettes. Mettez les entières à macérer toute une nuit avec 600 g de sucre en poudre. Le lendemain, ajoutez le jus d'un citron. Mettez à cuire et arretez la cuisson au bout de 5 minutes d'ébullition. Laissez reposer jusqu'au lendemain. Le lendemain, refaites cuire 6 minutes. Le surlendemain, refaites cuire encore 7 minutes. Mettez la confiture brûlante dans des bocaux. Après les avoir fermés, retournez-les pour faire le vide.

# Fondant glacé au chocolat

INGREDIENTS : 5 œufs • 200 g de beurre • 200 g de chocolat noir Nestlé • le zeste d'une orange.

Battez les œufs en omelette. Faites fondre le chocolat et le beurre doucement au bain-marie. Laissez refroidir un moment, puis ajoutez le tout aux œufs battus. Battez à la fourchette et ajoutez le zeste d'orange. Placez un film alimentaire au fond du moule et laissez suffisamment de film resortir au bord. Faites couler la préparation dans le moule en la lissant. Mettez au frais plusieurs heures à l'avance puis 10 minutes au congélateur avant de servir. Cette préparation peut se congeler. Dans ce cas, sortez-la au frais plusieurs heures à l'avance.

# Gâteau au chocolat et noisettes

INGREDIENTS : 2 cuillerées à soupe de cacao • 150 g de noisettes • 100 g de beurre • 4 œufs • 200 g de sucre • 3 cuillerées à soupe de lait • 125 g de farine • 125 g de fécule de pomme de terre • 2 cuillerées à café de levure • 1 petit verre de rhum.
Pour la garniture : 200 g de confiture d'abricots.
Pour le décor : 200 g de sucre glace • des cerneaux de noix.

Travaillez le beurre ramolli et coupé en morceaux pour obtenir une pommade aérée. Ajoutez le sucre, le lait et les œufs. Mélangez la farine, la fécule de pomme de terre, la levure et le cacao puis tamisez le tout sur la première préparation. Ajoutez les noisettes en poudre et le rhum. Versez la pâte dans un moule à charnière de 26 cm de diamètre beurré et fariné au préalable, ou chemisé de papier sulfurisé. Faites cuire 50 minutes dans le four préchauffé à 180°C. Laissez refroidir, coupez le gâteau en deux horizontalement, puis garnissez-le de confiture. Faites fondre le sucre glace dans trois cuillérées à soupe d'eau pour obtenir un sirop bien lisse. Glacez le dessus du gâteau. Enfin, décorez avec des cerneaux de noix.

# Petits cookies pour le café

INGREDIENTS POUR ENVIRON 20 COOKIES : 3 cuillerées à soupe de cassonade • 3 cuillerées à soupe de sucre en poudre • 1 sachet de sucre vanillé • 125 g de pépites de chocolat • 125 g de beurre • 1 sachet de levure • 1 oeuf • 1 pincée de sel • 150 g de farine.

Dans un saladier, mélangez le sucre, la cassonade et le beurre fondu. Ajoutez le sucre vanillé, le sel et l'oeuf. Battez au fouet. Ajoutez peu à peu la farine et la levure. Continuez de bien mélanger avec la cuillère en bois en versant les pépites de chocolat. Déposez à l'aide d'une cuillère des petits paquets espacés de 10 cm sur une feuille de papier sulfurisé. Faites cuire à 200°C pendant 10 minutes. Surveillez bien la cuisson. Laissez refroidir avant de servir

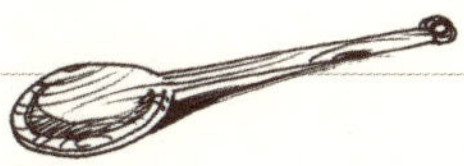

# Sorbet à la fraise

INGREDIENTS : 500 g de fraises trés parfumées • 200 g de sucre • 150 g de crème fraîche • 100 g de fromage blanc • le jus d'un citron.

Mixez tous les ingrédients ensemble. Versez dans un bac à glace. Mettez au congélateur. Une heure plus tard, mélangez avec une fourchette de façon énergique. Remettez au froid jusqu'au lendemain.

# Petits fours

INGREDIENTS POUR 40 PIECES : 350 g d'amandes pelées • 500 g de sucre • 3 blancs d'œuf • 50 g de miel liquide • 1 sachet de sucre vanillé.
Pour la décoration : amandes ou cerises confites.

Mixez les amandes avec le sucre pour obtenir une farine. Versez-la sur le plan de travail, formez un puits puis pétrissez avec les blancs en incorporant le miel et une pincée d'extrait de vanille en poudre. Versez la pâte dans une poche à douille en forme d'étoile. Formez des petites rosaces sur une plaque à pâtisserie chemisée de papier sulfurisé. Décorez le centre des gâteaux avec une amande ou une cerise confite et laissez-les reposer 2 à 3 heures. Une légère croûte va se former au-dessus. Faites cuire 10 minutes dans le four préchauffé à 230 °C. Laissez refroidir et servez.

# Couronne au café

INGREDIENTS : 1 petite tasse de café Nespresso • 100 g de beurre • 2 œufs • 150 g de sucre • 1 verre de lait • 300 g de farine • 1 sachet de levure • 30 g de gelée de fruits • 30 g de pépites de chocolat • sel.

Faites fondre au bain-marie le beurre et laissez-le refroidir. Battez les jaunes avec le sucre pour obtenir un appareil clair et mousseux auquel vous ajouterez le beurre fondu, le café, le lait, la farine tamisée avec la levure et une pincée de sel. Mélangez pour bien incorporer tous les ingrédients. Versez la pâte dans un moule beurré et fariné puis faites cuire 30 minutes dans le four préchauffé à 200°C. Sortez du four et laissez refroidir. Chauffez au bain-marie la gelée de fruits et badigeonnez-la à l'aide d'un pinceau sur la couronne. Parsemez de pépites de chocolat et servez.

# Couronne aux noix

INGREDIENTS : 180 g de cerneaux de noix • 200 g de beurre • 200 g de sucre • 4 œufs • 2 jaunes d'œuf • 1,5 dl de lait • 440 g de farine • 1 sachet de levure • 50 g de miel d'accacia.

Passez 150 g de noix au mixeur afin d'obtenir une poudre. Coupez le beurre en morceaux puis laissez-le ramollir. Ensuite travaillez-le avec le sucre jusqu'à obtention d'une pommade. Lorsque la pommade est bien souple, ajoutez les œufs et les jaunes, un à la fois. Diluez avec le lait, puis incorporez les noix en poudre et la farine tamisée avec la levure. Versez la pâte dans un moule couronne beurré et fariné. Faites cuire 1 heure dans le four préchauffé à 180°C. Laissez refroidir. Chauffez le miel au bain-marie et badigeonnez-le à l'aide d'un pinceau sur le gâteau. Décorez avec les cerneaux de noix restants concassés.

# Petits cœurs au chocolat

INGREDIENTS : 250 g de chocolat noir • 500 g de farine • 200 g de sucre • 250 g de beurre • sel • 1 œuf • 1 sachet d'extrait de vanille en poudre.

Versez la farine et le sucre sur le plan de travail. Ajoutez au centre le beurre ramolli, une pincée de sel, l'œuf et l'extrait de vanille en poudre. Pétrissez et formez une boule avec la pâte. Enveloppez-la de film alimentaire puis réservez 15 minutes au réfrigérateur. Avec un rouleau à pâtisserie, abaissez la pâte pour obtenir une feuille de 5 mm d'épaisseur. À l'aide d'un emporte-pièce de forme adaptée, découpez des petits cœurs et disposez-les sur une plaque à pâtisserie beurrée et farinée. Faites cuire 15 minutes dans le four préchauffé à 180 °C. Sortez du four et laissez refroidir. Faites fondre le chocolat au bain-marie et plongez les biscuits dans cette sauce de façon à les napper de chocolat à moitié. Posez-les sur une feuille de papier sulfurisé. Laissez durcir le chocolat.

# Douceurs à la pâte d'amande

INGREDIENTS : 250 g d'amandes • 250 g de sucre • 1 goutte de porto • 3 blancs d'œuf.

Mixez finement les amandes puis mélangez-les au sucre de façon à obtenir une poudre homogène. Ajoutez une goutte de porto, puis les blancs d'œuf, un à la fois, sans les monter en neige. Amalgamez bien pour obtenir une pâte épaisse. Humidifiez le plan de travail et abaissez la pâte à une épaisseur d'un doigt. Avec un emporte-pièce, découpez les gâteaux et faite-les cuire 20 minutes dans le four préchauffé à 180°C.

* VOUS POUVEZ VOUS AMUSER À CRÉER DIFFÉRENTES FORMES : ÉTOILE, FLEUR, CŒUR...

# “Pain” aux raisins

INGREDIENTS : 350 g de raisins blancs • 190 g de sucre • 130 g de beurre • 4 œufs • 1 dose d’extrait de citron • 250 g de farine • 1 sachet de levure • sel.

Lavez et essuyez délicatement les grains de raisin. Travaillez le sucre avec le beurre à température pour obtenir une pommade souple et aérée. Ajoutez les œufs, un à la fois, puis incorporez une pincée de sel, l’extrait de citron et la farine tamisée avec la levure. Enfin, ajoutez les grains de raisin. Versez la pâte dans un moule beurré et fariné et faites cuire 50 minutes dans le four préchauffé à 180°C. Sortez du four, laissez refroidir et, enfin, démoulez.

# Index